XABEL ME HABLÓ DE UN PÁJARO EN SEVILLA

SONÁMBULOS
——— EDICIONES ———

XABEL ME HABLÓ DE UN PÁJARO EN SEVILLA.
Colección MACASAR

Primera edición: abril de 2025

© De los poemas ¬ Fernando Camacho
© Epílogo ¬ Lorenzo Roal
© Fotografía de portada ¬ Joaquín Puga
© Diseño de la colección ¬ Daniel Fajardo
© SONÁMBULOS Ediciones

www.sonambulosediciones.com

ISBN: 979-13-990261-0-8
Depósito legal: GR-601-2025

Impreso en España

XABEL ME HABLÓ DE UN PÁJARO EN SEVILLA

FERNANDO **CAMACHO**

EPÍLOGO DE LORENZO ROAL

MAC∀SAR

COLECCIÓN

Para Janire,
para mi madre y mi hermano,
para los pájaros de tristeza y para los de gabardina
y, naturalmente, para la chavalería sandunguera.

XABEL APRECIA EL VUELO DE LOS VENCEJOS EN LA PLAZA NUEVA DE SEVILLA

Para mi amigo Javi

La belleza del vuelo del vencejo
no está en esa figura de pequeño
avión que permanece aterrizando
entre la arquitectura del verano,
sino en esa tragedia que es no poder posarse
mientras que la belleza
de todo lo demás, muy lentamente,
se va desvaneciendo hasta caer
por el cansancio.

Sábado de pescaíto, Sevilla, 2024

SI LA BELLEZA DUELE...

Si la belleza duele
no es por llevar puñales ni armas rojas
igual que un corazón
destrozado. Será mejor decir
que la belleza parte de una nada
virtuosa o, en el caso más grave,
de unos ladrillos tristes
con forma de jazmín entusiasmado.
La belleza no aspira a ser belleza
y no puede ofender
salvo a los ya ofendidos.
El dolor es de aquellos
que admiran con los ojos en vez de con las tripas
y buscan poseer la arquitectura,
la sombra de una idea, la labor
de una hoja descompuesta
alimentando al prado en que ha caído.

En resumidas cuentas, la belleza
solo duele
a los voluntariosos del dolor.

PARA ADMIRAR A ALGUIEN LO PRIMERO...

Para admirar a alguien lo primero
es hacer pedestales, pensar qué necesita
ese sujeto amado en la distancia
para estar por encima de los demás objetos.
Luego contemplaremos
la bella construcción que habremos hecho
pensando en los detalles con ternura.
Finalmente,
miraremos la cima de ese monte
repleto de jacintos que con tanto tesón
habremos cultivado y pensaremos
en cómo quedará nuestra feliz presencia
sentada a su derecha
como si fuese un dios de parvulario
y nosotros apenas
un muñequito manso entre sus manos.

Por eso el verbo amar tan a menudo
es tan decepcionante.
Aquel sujeto hermoso no responde
ni al primer escalón del pedestal
y lo peor: toda la culpa es nuestra
que nunca preguntamos por sus gustos.

Al tiempo recogemos lo que queda

y toda esa lujuria se vuelve una canción
que poco o nada tiene
que ver con esa sombra de colores
tan llena de hermosura confundida.
Es más, esa canción
te llega a parecer una horterada.

Por eso los que amamos nos debemos
un verbo de la sombra y de la luz
que contemple los riesgos de admirar
pero nos dé cobijo.

LOS MEJORES MISTERIOS...

Los mejores misterios son pasados
pues guardan esperanza pero no
guardan relojes. Nunca volveré
a ver aquella aurora, nunca habrá
una nueva ocasión para ese canto
tan dulce y tan pandémico y la calle,
la ermita, el río, el barrizal bendito
ya nunca serán pasto de mis gafas:
no volvimos a vernos, y está bien.

LA BELLEZA DEL HOMBRE QUE SE MUERE

La belleza del hombre que se muere
es que ya se le ven los pensamientos
a través de la vía intravenosa
y de la frente limpia
apenas alterable.

La belleza es dejar que te examine
y que lo sepa todo sobre ti
con un simple vistazo sin que importe
pues todo acabará en unos minutos,
cuando todo secreto confesado
vuelve solo y tranquilo a ser secreto
con una expiración.

LO BELLO DE UNA HERIDA

Lo bello de una herida
es personificarla, darle nombre y así poder
decir: «me traicionó y dejó a Brunilda
—señalarse el muslo o donde habite— de vez en cuando llama
por teléfono y hago como que no me acuerdo».

Así, si pasa el tiempo —que esa es otra—
y en un momento dado te haces viejo
y de repente nada resulta apetecible
y las conversaciones son odiosas,
te quedarán amigas
ácidas y sensibles con quienes mantener
conversaciones tristes
pero sinceras.

ARACNE

La belleza es el rango militar
más inconmensurable de las contemplaciones.
De cualquier estructura solo acepta
posibles desafíos: el duelo gigantesco
entre las hilanderas y Minerva.
Por eso admiro al híbrido que surge
entre tragedia y arte. Vivo enamorado,
como todos, de Aracne y de sus redes.

ALEGORÍA DE LA PRIMAVERA

Con base en poemas de
Víctor Botas y Li Po.

Resulta encantador
que cada primavera se termine
y vuelva a esperanzarnos su alargado matiz
de flores que comienzan
a ser polinizadas por abejas
que no verán la próxima
luna por la que brinde. Juntos somos trillizos:
el horizonte ciego, un aguijón brevísimo
y mi ínfima presencia.

LO BELLO DE IR BORRACHO

Lo bello de ir borracho es, tristemente,
tropezar con la piedra, tantas veces
la misma piedra que al final le coge
uno cariño y pone la piedra en el salón
con su vidriosa forma deslumbrante
y por eso de ser un elemento líquido,
su gran habilidad para adecuarse
a todas mis vergüenzas
se dispara.

LO BELLO DE LOS FÁRMACOS

Otro día sentado
sobre mi nerviosismo y otro día
pensando sobre el verde farmacéutico.
Con esas lucecitas tan y tan atrayentes
supongo (disimulo): tienen un plan secreto.
Escribo títulos de libros
del prodigio absoluto, pienso en las alcayatas
y pienso en lo semiótico
y todo me parece una marisma
a la que, por ponerle, llamaría
Australia.

Ustralia es más complejo
pero es interesante. Me seduce
la falta de defectos que tiene lo inventado
"pirriquitiqui-pam", que bello condimento,
se lo pondré a la sopa
haciendo (je, je, je) como que me equivoco.

LO BELLO DE SER CHARCO

El ser charco consiste en ser mojado
sobre la calle seca, reducto
de humedad y silencio; balbuceo
si te pisan; maldito si te pisan.
Epítome pasivo: bebido por los perros,
habitado por gérmenes, mohoso
y frío de los huesos y reunión
de gotas expresivas. Despreciable
reminiscencia de la lluvia mustia
que ayer me molestaba y que pensé
que ya había escampado.
Seguro que los charcos
sueñan igual que yo con la mañana
en que todo se acaba con esa calidez
con la que el Sol resuelve sus problemas.

LO BELLO QUE HAY EN MÍ

Desgraciadamente,
sin querer he tirado la botella de vino
vacía en que pusimos los claveles
de nuestro aniversario. El ruido del cristal
rompiéndose en pedazos
ha sido limpio, solo interrumpido
por una de mis muchas maldiciones
repletas de complejos reprimidos.
La botella hecha añicos, mientras que los claveles
que te compré seguían inmutables:
es el espejo más desagradable
con el que me he topado.

Como todo en lo nuestro,
recogí los cristales, recogí los claveles
y con recatamiento
me fui al supermercado, me compré
otra botella igual, me la bebí
satisfaciendo así un placer culpable
y puse los claveles
en el mismo lugar para que cuando tú
llegases de tu viaje por Logroño siguieses
sin darte cuenta
de que no te merezco.

HA EMPEZADO FEBRERO

Ha empezado febrero
con su capacidad de no ser nada
más que el mes de febrero. Los días poco a poco
se alargarán, jamás lo suficiente
como para poder disfrutar de la tarde
y, lejos de las noches de verano,
hace un frío que pela por la calle,
de forma que ni luna llena ni pasadizo
hacia la oscuridad, amiga de los cuerpos
que ya conocen almas y entusiasmos.
Así, no queda nada
que pueda aprovecharse de este mes:
febrero es esa acelga desabrida
en medio del puchero
que todo el mundo aparta pero nadie
se atreve a criticar.

DON QUIJOTE SE ENCUENTRA CON EL CABALLERO DE LA BLANCA LUNA

Esta ilusión no pesa más que un simple
fogonazo de luz que, paseando,
eleva mi montura.

Como todos los quienes, yo he querido
buscar un grano azul
en la arena de Marte y encontré
un lunes de faenas y un noctámbulo
absorto y melancólico
que andaba para arriba y para abajo.
Era acaso un espectro de mí mismo,
qué le vamos a hacer, como todos los quienes
después de aquella búsqueda volví
decepcionado.
Como todos los quienes, fracasé.

Quedaba solamente la ilusión
de que volvieras, noble caballero,
que por Morfeo brinda cada vez
que tengo pesadillas.

Quedaba solamente la ilusión
de que volvieras y pusieras digno
final a la aventura. Sé quien eres:
cambiaste de perfil, Sansón Carrasco,

aún te reconozco en esa forma
heterodoxa de montar y en esa
manera tan bigarda de agarrar
la lanza. Ganarás, al fin se acaba
esta empresa infinita
y el rastro de hermosura comienza a ser belleza.
Tú, que me pones fin para que viva,
—si existe el Paraíso—
harás que al fin conozca a Dulcinea.

Ve con todo, te ruego, en esta justa,
no permitas que quede de mí sobre la Tierra
más que un recuerdo flaco.
Ahora, carga.

Vale[1].

---

1   Última palabra en el Quijote. En latín: "adiós".

ANA BOLENA[2] HACE LAS PACES CON CATALINA DE ARAGÓN[3], ¿EXMUJER? DE SU ESPOSO

A la distancia de un grito
Chilam Balam de Chumayel
en el Monumento de la Plaza de Colón, Madrid

Permíteme el tuteo.
En esta situación en la que estoy,
abandonada a cuervos
buitres y piojos, tengo poco tiempo
—pero algo es algo— de admirar el gusto
exquisito que tiene tu fantasma
y esta amistad a la que tú, Madame,
y yo nos vemos condenadas. Veo
desde mi celda el cielo londinense
y a mis custodios recibir sus órdenes.

Tu sombra, Catalina, me persigue.
Hace tiempo que noto a tu marido,
mi marido, algo más…

---

2   Segunda esposa de Enrique VIII de Inglaterra, que murió decapitada acusada de
    traición. Acto seguido, Enrique VIII contrajo matrimonio con Jane Seymour,
    también mencionada en el poema.

3   Primera esposa de Enrique VIII de Inglaterra, hija de Fernando II de Aragón e
    Isabel I de Castilla.

¿Pizpireto? ¿Será esa la palabra?
El caso es que tú sabes como yo
que el Rey su Majestad es poco menos
que poco dado al baño y al perfume
y de un tiempo a esta parte...
Jane Seymour me parece que será
la próxima invitada a nuestra fiesta.

Ya suben. Mientras tanto, tiembla el campanario
a estas alturas ya no sé decir
si el público celebra o se acongoja
pero es la misma música que puso
mi nombre sobre el tuyo:
ya ha dicho el Don que espera
perdices y dones. Tiembla el campanario
—¡ya suben!— y la gente
se arremolina en torno a la Abadía
de Westminster. No saben si por boda
o por un funeral,
vienen a ser lo mismo, esas campanas
las he escuchado yo yendo de blanco.
Oigo sus pasos
subiendo la escalera. No dejan de sonar
esas campanas fúnebres de boda.

Es bello, en cierto modo,
haberse dado cuenta del desastre
y encontrar simpatía en quien odié
con tanta virulencia.
Abrazaré a tu dios, si lo permites.

El tiempo nos iguala, ¿Qué más da
la vida salvo muerte y abandono?
Soledad y decrépita belleza, digo yo
—confieso que esta forma de cómica amargura
la aprendí con maestras españolas—.
Soledad y decrépita belleza
en la reunión de reinas
que vamos a, difuntas, celebrar.

Tú y yo, querida Catalina, siempre
estuvimos a un grito de distancia.
Ya se ha abierto la puerta, nos veremos
—si hay dios— en un minuto.

Vale.

LA CARNE ENTRE LOS DEDOS

El hombre está condenado a ser libre
J. P. Sartre. Trad.: Pablo Gaos

Estoy desesperado.
Hoy me ha salido todo como si alguien
conspirase en mi contra, como si alguien
invencible vengase las ofensas
contra quienes le ofenden sobre mi pobre espalda
o mis hombros marchitos de liberto. Recae
sobre mí esta punzante corona de saberme
libre ante la condena de tener
que ser libre debajo de esta piel,
¡qué muro tan canijo para un pobre!

Hoy todo era un martirio y lo peor
es que el mañana existe:
está bajo estos trastos que sustentan
mi carne y mis palabras. El futuro
es un ser inservible, tan solo muerde y muerde
la carne entre los dedos.

¿QUÉ ES LA BELLEZA?

Contemplar un misterio
con algo de esperanza.

«NADA»

I
Anoche desperté, miré a Janire
y todo estaba en orden.
Me pongo muy nervioso cuando viajo

II
Acabo de salir
de Madrid y ya he visto la grandiosa
montaña que precede al tiempo, al margen
de todo lo que he sido, este silencio
que reflejan los árboles y rompe
el tren en que navego, me pregunto
qué hubiera sucedido sin mi paso
por este mundo lleno de animosas
existencias, verdades absolutas
y lugares comunes.

Y mi respuesta es «Nada»,
como la de cualquier humano que se precie.

La montaña sería la montaña,
el tren en el que voy no cambiaría,
Janire habría amado a otro tipo
y la felicidad
seguiría su curso igual que siempre.

Janire es la montaña que me queda
frente a mi irrelevancia en este mundo.

ATAQUE DE ANSIEDAD

Alguien se está ensañando
con el silencio, pobre. Me duele mucho el cuello
y la espalda me duele como si me estuvieran
saliendo alas de leche, —oigo un martillo
y el consecuente clavo—.

Grita el silencio contra la pared
y contra ese metal que reconozco
de libros de Cernuda y de una vez
que me caí de chico en un estanque
y luego pasé un frío indescriptible
que dura todavía.

«TIN»

Qué bonita es la luz de aquella antorcha
que aún no se ha encendido
y resiste. Qué hermoso me parece
aceptar la condena con el gusto
del que se sabe bueno y ver venir
al tonto de Perseo o al idiota
del marido de Ariadna, como sea
que se llame ese imbécil con su espada.

Entonces,
mirar al olivar, sentir su brisa
y decirle: «al fin llegas
llevo esperando eones de silencio.
Ya te pongo yo el cuello, no quisiera
que tu esfuerzo te diese gloria alguna».
Y desaparecer
como las aceitunas que se envasan
para las ensaladas, en la boca
de algún cualquier cualquiera.

«TINNNNNNNNNNNNNNN»

La luz no asaltará
la sombra de este cerro en que se esconden
los zorros, las culebras y aquella sensación
que defenestra todas las ventanas
que usamos para ver lo que hemos sido.
Cuando me quedo solo, que la sombra se quede
al margen de la luz y no me acuerde
de nada en absoluto, es un lujoso
principio de demencia.

ΣΥΜΠΟΣΙΟΝ

*Συμπόσιον: 1. Simposio. 2. (Traducido
habitualmente como título
del libro de Platón) Banquete*

De la serpiente
me aterra
la espera entre el mordisco
y el banquete.

ΑΛΗΘΕΙΑ

Αλήθεια: *verdad, descubrimiento.*

Descubro la verdad entre palabras
escondidas detrás
de la vidriera: debe ser glorioso
ser Narciso unos días,
saber lo que se siente en un espejo
enamorado. Sé
que el amor aletarga, se aletargan
descubrimientos, doce yambos verdes
aletean. Narciso
disfruta del espejo que me corta.

ΚΟΣΜΟΣ

Κόσμος: *1. Universo. 2. Orden.*

La bóveda celeste es una grieta.
La luz pasa. La mínima expresión
de los titanes se abre y el hechizo
de lo híbrido reluce en la materia.
Allá vamos, reptando hacia el remedio.
Debajo de la herida,
astros acumulados, surcos, orden,
cosmos, códigos... Nada.

ΦΑΡΜΑΚΟΣ

Φαρμακός: *1. Remedio, medicina. 2. Veneno.*

A aquel Escondido y culpable dios-río de sangre
Rainer Maria Rilke
Trad. Jenaro Talens

Es tarde, suena el grifo, se despierta
el roce de los dientes, diosa fluvial de sangre
que deja el grifo abierto, las luces encendidas,
la bilis negra encima de la tapa
del váter. No le dio
tiempo. Jamás hay tiempo.

El fármaco —remedio venenoso—
¿Dónde está en fármaco?

Qué bello es el demonio.
Qué hermosas sus escamas.

TODO ESTO TIENE UN NOMBRE: HABITAR EL OTOÑO

Otra vez me despierto entre diluvios
con esta sensación tan manierista
de tener que olvidar que me he dormido.

Si no lloviera tanto…

Ya estamos en otoño, se diría
que la lluvia es normal en este tiempo
y, sin embargo, yo
jamás de los jamases consigo anticiparme.
Me habría preparado de otra forma,
digo yo.
Nunca se sabe estando como estoy.

Este otoño,
que empieza como siempre, me he comprado
un chubasquero horrible de lunares
que dé la sensación de estar contento
aunque tenga un jirón
justo en la coronilla y una gota
se cierna sobre mí constantemente
y aunque me rompa el cráneo
no se note
o no se note mucho, no parezca
que quiero molestar con mis historias.

AUTOBIOGRAFÍA

Tema de Luis Rosales

No hay grandes aventuras, te diría
que lo más reseñable es lo siguiente:
naufragué una vez, era domingo,
cuando vi que después de la alegría
de nuevo estaba el lunes esperando
con sus dientes de sierra y los recuerdos
de aquellas vacaciones tan lejanas.

JANIRE CONTRA EL CAOS

De lagunas alegres vienen los peces negros,
de forma beltraneja[4], de reino jubilado,
de boceto de aquello que en un día remoto
quizás pudo haber sido. Pero no tú, Janire,
que existes disidiendo de la Nada, que existes
místicamente contra mi caos, por favor,
no te vayas pues vivo entre esos pobres
desgraciados que nunca tienen mucho
de casi nada y nada
de esperanza.

---

4   Juana la Beltraneja fue aspirante al trono de Isabel I de Castilla (con una guerra
    de por medio) antes de que esta fuese proclamada Reina. Doña Juana murió en
    Portugal en el año 1530 después de pasar décadas en un convento.

LOS FANTASMAS

Pululan por la casa, disimulan,
adquieren el color de las paredes
para que no veamos nada de su figura
y ya cuando salimos de la casa
inesperadamente embrujadísima
conducen nuestros pasos al lugar
en el que nos morimos:
el sitio en que pensamos
justo antes de dormir.

MIS HOMBROS SON LIBERTOS

> *Si miras al abismo, el abismo te devuelve la mirada*
> F. Nietzsche.
> Trad.: J. Carlos Gª Borrón

Que no tengo importancia, lo sabía;
que existe cierta luz, también es cierto:
una belleza inútil y, no obstante, sincera
que yo describiría con gusto si pudiese.

El invierno llegó con buena letra.
Ya estamos en diciembre, los nudos se deshacen
del frío del verano, cuando el abismo mira
incluso más adentro
y todas las serpientes se repliegan.
Estamos en el tiempo del remedio,
la muda de la piel alejará
a toda la ponzoña:

El fármaco —remedio venenoso—
mantiene su equilibrio
y no tengo importancia. Felizmente,
mis hombros son libertos.

EL FARO

Al borde de lo líquido
un faro se deshace del terreno
y quiere ser
el nido de un robot,
el sueño de un ladrillo
o el sino de la luz
que el mismo faro prende por la noche
a veces para siempre y otras veces
para las ilusiones
de los náufragos.

COMPRARSE UNA CARTERA

El hecho de comprarse una cartera
comporta un ectoplasma de deseo
igual que los ahorros
que se fueron haciendo para el hijo
que luego no existió.

Como cualquier aborto busco en una cartera
espacio para fotos de carnet.

LOS SUEÑOS

Los humanos están solos por siempre
desde el segundo
en que hacen cumbre en la montaña onírica.
El sueño es un lugar al que se cae
mientras se está subiendo: solo se sueña solo.

Si todos anhelásemos lo mismo,
ya no nos quedarían
motivos para nada y la materia
sería poco más
que un triste estercolero de personas
ajenas a lo humano.

Ahí la paradoja
de ser feliz y luego
decepcionarse al ver
que el sueño es solo un páramo
decorado a tu gusto.

LA ETERNIDAD ES DELEZNABLE

El placer de este beso que me das
es separar la cara y verte enfrente.
Todo se acabaría
si nada se acabase.

IGLESIA DEL SANTO NOMBRE, BONN

> *Los mansos miembros de la resurrección*
> Emily Dickinson.
> Trad.: Lorenzo Roal

Según se entra se ve un altar de roble
hecho con la madera de un árbol que ha caído
no debe de hacer mucho.
Este altar de madera
preside el templo, hermoso por pequeño,
en la ciudad que un día
fuera el ejemplo de égloga europea.

En los pilares leo
que entre estos muros yacen entre otros
Peter, Paula, Patrick y Anna,
nacidos en los años de la guerra.
La edad de mis abuelos fue la misma:
todos vieron al padre uniformado,
que es igual que decir «sin ojos, manos,
ni objetos personales», o vieron a su padre
trashumando —no sé
quién habita más lejos del club
de la resurrección y su deidad—.
Crueldades que se escapan de los ojos

de unos niños vencidos desde el semen
ya sea por vergüenza o por terror
hacia la indumentaria que todos conocemos.

Mirando obituarios me pregunto
cómo puede nacerse entre la muerte
y quién le puso nombre a tal desgracia.

LO BELLO DE TENER UNA NACIÓN

Lo bello de tener una nación
es esta sensación de sin embargo,
de hogar de desvalidos que mantienen
alguna validez inmaterial,
tal como ser simpáticos o hermosos,
no como los de allá,
dados a la barbarie y la lujuria
ausentes por completo de todo raciocinio
y cuya selección nacional de gimnasia
es una cosa infame.

Y, sin embargo, todo lo demás.

LO BELLO DE DORMIR

Lo bello de dormir
reside en la inconsciencia y el silencio,
en esta soledad con que uno duerme,
pues no podemos compartir los sueños
por más que deseemos. Y así va adelantándose
el final de los tiempos a esas horas de frío
que consumen la vida poco a poco.

Podrías estar haciendo
algún tipo de cosa productiva
y, sin embargo, duermes como un oso
después de aparearse. Ya ha pasado
la media horilla tonta que dedicas
a recordar ridículos (un espanto feroz)
y acariciarte el alma diciéndote a ti mismo
que ya no eres así de insoportable.
Ya han pasado
los cinco minutillos sobre el sexo
de los ángeles y coges tu postura
y dices: buenas noches
y si todo va bien durante las siguientes
horas no servirás a nadie en absoluto.
A nadie salvo a ti, que ya es bastante.

DEUSCHT

Para mi amigo Kike

Estar sin mis amigos es estar
en una de esas mesas pegajosas
mientras los comensales
hablan en una lengua que no entiendo.

Hablar en otra lengua es repensarse,
es ser otra persona tan distinta
como quieras. La lengua a conocer
diluye las palabras de la infancia
o se mezcla con nuevas consonantes
que no existen en boca de nadie de tu barrio
y con vocablos tristes y agobiantes
que no pronuncio bien.

Me da pavor pensar
en que es posible
que me convierta en bárbaro
y olvide aquella lengua que se hablaba
tumbado en la madera del pupitre.

PALABRAS PARA EL SEÑOR SANTANA

Para mi amigo Sergio

Verás que hay una luz
extraña y solitaria que, sin nombre,
camina como un pájaro en la plaza
y vuela como un hombre del futuro.
Aférrate a esa luz incomprensible
que cruza el costillar y la avenida
y nutre los jardines con lirios tan fugaces
que verlos no sería sino perder el tiempo.

En esa desmedida incomprensión
hay un amor que late para siempre.

PUERTO DE LAS PALMAS DE GRAN CANARIA

Para mi amiga Ana Abade,
siempre tan optimista.

Uno nunca imagina
por completo el Océano, ni cuánto
durará este silencio tan profundo
y tranquilizador
en el que descansamos. Nunca sabré si aquello
que puedo vislumbrar a través de la niebla
y moja los tejados es América,
Macondo o Lanzarote.

Al fondo se ve un barco pequeñito
detrás, justo detrás,
de los grandes cruceros.

LOS VENCEJOS (EPÍLOGO)

Para mi hermano

Yo no me daba cuenta.
Llevaba tiempo sin mirar el cielo:
es primavera y, naturalmente,
han vuelto los vencejos.

Abajo, los naranjos parece que estuvieran
pariendo a sus cachorros. Huele a leche:
son sus frutos.
Y huele a sangre:
son sus flores.

Yo no me estaba dando cuenta pero
de repente me siento
incapaz de dormir y estoy llorando
en brazos de mi hermano, que no entiende
qué esto que me pasa
De repente devoro
una pizza que sabe a compasión,
y a culpa. Tengo dos pastillitas
en un bolsillo chico, contemplo las botellas
de casa de mi madre.
En el silencio escucho a las cigarras.

Oigo un ruido en la puerta:
el gato que no tengo
ha cazado un vencejo, me lo deja en el quicio
como si me obsequiase.
¿A qué nido has subido, corazón,
para cazar al pájaro que vuela
por la necesidad
de no poder posarse?

Lo habrás cazado muerto. Me consuela pensar
que lo último que viera este vencejo
fuese una panorámica
del Miércoles de Feria aquí en Sevilla:
con la Giralda al fondo y el río fulgurante
de pasión; las mujeres vestidas de gitanas
y los hombres galanes con sus trajes.
Alegre todo el mundo menos yo
que no me sé explicar a los vencejos,
al gato, ni a los fármacos.
Un tipo que es ridículo y que,
mientras el mundo ve cómo atardece,
le chafa el día a su hermano
y se queda en su casa comiendo como un cerdo
mirando cómo vuelven las preguntas
sobre cada dolor,
sobre cada misterio.

Vale.

Miércoles de Feria, Sevilla, 2024

AGRADECIMIENTOS

Este libro tuvo su primera crítica en las lecturas de Andrés García-Cuevas, Lorenzo Roal y María Sánchez-Saorín. Quizás se me olvide alguien, pido mis más sinceras disculpas por ello. En cualquiera de los casos, las aportaciones de mis amigos y amigas poetas (pájaros de tristeza y gabardina) han sido cruciales para que este libro quede así. Gudrun Palomino, por su parte, hizo una primera corrección tipográfica. Las últimas notas las puso, naturalmente, Javier Bozalongo: si tienen el libro en las manos es gracias a él.

Por otra parte, le quisiera agradecer a mis amigos y amigas, y muy especialmente a mi pareja, Janire, todas las conversaciones sobre filosofía que, sabiéndolo o no, mantenemos habitualmente con tantísimo cariño los unos por los otros.

Podría haber un mundo sin amistad, es cierto, pero no merecería la pena.

En otro orden de cosas, habrán notado que, en este libro, hay notas al pie y un epílogo. Se debe a que mi tía Laura dijo de mi primer libro que no hay quien me entienda. Considero que ser incomprensible es un acto imperdonable para un poeta militante, así que espero haberlo solucionado.

Finalmente, le doy las gracias desde aquí a todas las personas que trabajan por la salud mental.

Madrid, 18 de marzo de 2025

EPÍLOGO

FERRÁN ME ENSEÑÓ ESTE LIBRO EN MADRID (UNA GUÍA INCOMPLETA)

Lorenzo Roal

Un prólogo me pide hacer Fernando... y en tremendo lío me he metido. No soy muy dado a la prosa y nada entusiasta de los prólogos en libros de poesía (si no son estudios filológicos desgranando el texto al que anteceden). La gran mayoría de estos prefacios suelen quedarse en panegíricos amables, cuando no algo presuntuosos. Como yo no soy filólogo ni creo necesario reverenciar las mieles de un poeta que se defiende excelentemente solo con sus textos, en mi vida me he visto en tal aprieto; así que he escrito un epílogo.

Sé de este libro desde su primera versión hace ya casi dos años. Aunque tardé en leerlo —porque soy propenso a cumplir con bastante retraso los compromisos amicales—, desde la primera iteración ya se entendía como un conjunto cerrado. La historia metatextual que presenta se hace evidente, pero creo que en sucesivas lecturas gana en detalle y se puede admirar la habilidad de orfebre con la que Fernando construye y ordena sus poemas. Intentaré, dentro de mis capacidades, hacer una breve guía de lectura, un recorrido por este libro y alguno de sus secretos, como quien consulta internet cuando se pierde en un videojuego o quiere completarlo al cien por cien. Espero que mi amigo y los lectores más capaces que yo sean permisivos con mis ausencias y despistes. Una de las grandes cualidades de Fernando es su gran atención al desgranar un libro; espero hacerle algo de justicia. También espero que este breve texto ayude en una segunda lectura de este poemario para explorar todos los recovecos deliciosos que esconde.

La idea principal de *Xabel me habló de un pájaro en Sevilla*o la de Fernando a través del propio libro, es una pregunta: *¿cómo entiende la belleza alguien depresivo?* Fernando me contó que una vez escuchó a Laura Herrero, profesora de Filosofía en la UNED, decir que después de una buena clase de Filosofía no se sale con respuestas, sino con más preguntas. Por lo tanto, esa pregunta primera esconde más detalles y se pregunta más cosas dentro de sí misma: *¿qué es la belleza?, ¿qué es la existencia?, ¿dónde acaban ambas?, ¿qué significa entender?* Así, los poemas no dan sino una aproximación, una intuición de idea, una conclusión inconclusa. Y, por supuesto, como cada vez que pensamos en este siglo, pasado el existencialismo, pasado incluso el posmodernismo, darle vueltas a estas preguntas nos lleva muchas veces a la desesperación; en el caso del autor que escribe estos poemas, a una crisis de ansiedad, ideaciones suicidas y un retorno al origen del pensamiento, para concluir, desde el materialismo, que la incomprensión, el caos, aunque es la norma de la existencia, tiene muestras físicas y culturales a las que asirse. Y quizá la belleza, lo intangible, esté precisamente en la comunión entre ambos estados.

Este *desquizamiento* (o quizá saciedad filosófica: la llegada de la locura por darle vueltas a las cosas hasta que pierden el sentido) se presenta desde la primera palabra del libro. Durante el progreso de los poemas se produce un proceso de extrañamiento a través de cambios de lenguas o juegos etimológicos y semánticos (a veces explicados con traducciones paratextuales y pies de página) que comienzan ya en el nombre propio de *Xabel*. La dedicatoria nos descubre que en realidad esta persona se llama *Javi*, pero Fernando ha decidido nombrarlo en su traslación al asturiano. Además (o quizá a través) de una reivindicación política de esta lengua, el alienamiento —para el hispanoparlante medio, el exotismo podríamos decir aun— supone una introducción sutil a la primera propuesta del libro: una sola lengua es insuficiente, cada idioma crea una realidad con distintos matices; pero la belleza, incluso así, es inabarcable. Esta idea, ya de manera evidente (y como se verá con el resto de poemas) se exhibe de nuevo al final del libro —por ejemplo en el poema "Deustch"—, cuando se vuelve a la realidad material, al orden que llega después del *desquizamiento* que sucede tras la primera mitad del libro.

Siguiendo con la etimología y la semántica, otra palabra clave del libro es "*caos*". En este caso, Fernando tampoco habla *solamente* en castellano, lenguaje en el que el caos es equivalente a confusión, desorden..., sino que añade y prioriza su significado en griego antiguo (χάος), lenguaje en el que el caos es una suerte de vacío existencial que antecede al orden cosmológico propuesto por el panteón heleno. En este caso, ese vacío suele contraponerse al cosmos (κόσμος), es decir, al *orden* o, en un sentido amoroso que trasciende al mero amor, al personaje de Janire ("Janire contra el caos" es el ejemplo más claro), que adquiere, por ende, la cualidad de deidad y ordena todo lo que el caos crea o a todo lo que en el caos vive.

Pero la reflexión no acaba ahí. El primer poema del libro es también el que cataliza todos los engranajes del libro. La inasibilidad de la belleza, del pájaro que existe, permanece, planea mientras todo a su alrededor cambia, es, como presenté antes, el motor del libro. La búsqueda de esta belleza, de su comprensión, es el motivo de los primeros poemas. Una tarea que se nos dice que va a doler (*a los voluntariosos del dolor* que *admiran con los ojos* y *buscan poseer la arquitectura*), para la que nos faltan palabras (*un verbo de la sombra y de la luz*, ambas inasibles, *que nos dé cobijo*) y que es tan misteriosa que por lo general se aprecia cuando ya ha pasado (*porque guardan esperanza pero no / guardan relojes*).

Esta belleza que se escapa, que se contempla brevemente, se vuelve un poco tétrica en los siguientes poemas, "La belleza del hombre que se muere" y "Lo bello de una herida", en donde se recoge claramente el estilo de dos poetas asturianos: Ángel González y Víctor Botas. La oscuridad desesperanzada del primero y la pena alegre del segundo mutan aquí en una ironía triste (pasada ya la máscara primera de los 50 y la deriva posmoderna de los 80). Una ironía (¿quizá postironía ya?) que no se sabe mentira ni verdad, o que quizá es a la vez ambas y tras leer el libro y ver el camino de su personaje, tiene muchos más tintes pesimistas de lo que cabría esperar en una primera lectura. Son antesala de la debacle psicológica que llegará en unos poemas, un pequeño *spoiler* de la ansiedad, todavía cubierta con una capa de medias sonrisas. Y son la última consecuencia de una búsqueda *idealista* de imágenes que surgen desde cuestiones *materiales*, situación que se invertirá tras el caos de la mitad del libro, cuando los poemas se conviertan en búsquedas de estas ideas pero desde el materialismo, desde sus manifestaciones físicas.

Además de poeta, Fernando Camacho es un excelente guía turístico del Museo del Prado de Madrid. No hay mejor forma de ver los cuadros de dicha pinacoteca que con él a tu lado comentándolos. Su pasión por el arte se filtra en sus poemas. En *Responsabilidad Generacional Corporativa*, su anterior libro (también editado en esta casa), ya presentaba algunos cuadros en verso. Aquí, quizá de manera inconsciente o quizá el último paso de esa integración de técnica y filosofía que tan destilada nos presenta en *Xabel...*, "Aracne" y "Alegoría de la primavera" son dos écfrasis indirectas (no una descripción del cuadro, sino una inspiración o una reflexión filosófica alrededor de él) de Velázquez y Botticelli, respectivamente. Solo con estos dos poemas se podrían escribir varios artículos sobre la poesía de Fernando, pero no podemos entretenernos más por ahora.

A través de la estructura "lo bello de...", de una manera muy dickinsoniana, con poemas imagen (ya apuntaba tanto su influencia como sus temas en *Responsabilidad...*, en donde le dedica un poema a esta poeta que empieza con los versos *la muerte ha sido escasa sobre mí, / pero, eso sí: / ha sido suficiente* —¿quizá este libro es consecuencia de que la parca se haya desbordado?—), Fernando continua la búsqueda con poemas cada vez menos esperanzados, donde se da al alcohol y a —su primera aparición— los fármacos, y se identifica con un charco o con febrero (*esa acelga desabrida*).

Tres cosas llaman poderosamente la atención a esta altura del libro:

1. El poema de los fármacos se presenta adelantado, como antesala del *desquizamiento* posterior, quizá para que no nos sorprenda cuando lleguen los poemas con títulos menos comprensibles.

2. En "Lo bello que hay en mí" aparece el amor —el cosmos—, aunque aquí no salva, como sí hace en el resto de poemas que escribe Fernando: el autor se presenta como no merecedor de él, otra muestra más de lo que antecede a la depresión del personaje, su baja autoestima.

3. Otro de los juegos semántico-etimológicos que incluye Fernando en este libro: "Don Quijote..." y "Ana Bolena..." son dos monólogos dramáticos de muy interesante factura. En ellos se presentan todos los elementos de la poesía de Fernando que hemos comentado: la ironía triste, el poema metáfora dickinsoniano y la métrica de orfebre, además de un acercamiento consciente a la muerte (vean que el personaje no es don Quijote, sino Alonso Quijano, pues en el poema reconoce a Sansón Carrasco detrás del Caballero de la Blanca Luna) para hacernos comprender

el lugar del personaje y que no nos sorprendan los poemas siguientes. Son dos poemas sobre la aceptación final de la derrota, tanto en el personaje cervantino como en la segunda mujer de Enrique VIII. Ambos poemas concluyen con la palabra "vale", que de no ser por la nota al pie en la que el autor nos explica que en latín significa "adiós", podría haber quedado en un uso cotidiano del español tan propio de la poesía contemporánea. En cambio, quizá un poco cuántico, quizá metamoderno, la dualidad *vale-ok* y *vale-adiós* dan a ambos poemas una conclusión tremenda: he hecho las paces con la muerte. Utiliza, pues, los monólogos para reconocer el estado en el que Fernando-personaje se encuentra en este momento: la depresión, la ansiedad, la falta de respuesta, lo han traído hasta el borde del precipicio.

El poeta nos lo confirma en el siguiente poema, en donde la desesperación se presenta con un encabalgamiento delicioso, con una catáfora que imita a la perfección la manía persecutoria: *hoy me ha salido todo como si alguien / conspirase en mi contra, como si alguien / invencible....* El poema termina con, quizá, una paronomasia: *El futuro / [...] tan solo muerde y muerde* (sin el parónimo presente: *muerte*).

Se nos presentan dos gotas de esperanza ("¿Qué es la belleza?" y "Nada"), en donde el amor salva, pero *ya no está*, aunque solo sea por un viaje. Pero de aquí surge el catalizador final del "Ataque de ansiedad" y los poemas con títulos onomatopéyicos, la llegada pura del caos, que se explican por sí mismos.

Y es desde esta locura, como decía al principio, de este *desquizamiento*, desde donde se vuelve a construir el personaje. Esta saciedad filosófica le lleva a rebuscar en los comienzos de la propia filosofía, al *Banquete* de Platón y la *alétheia* (que recuperaría Heidegger para hablar del *Dasein*, el *ser-ahí*, muy apropiado para el libro y la filosofía de Fernando, ¿quizá nos está queriendo decir algo?). Y en donde vuelven a hacer aparición los fármacos, ahora no como algo incomprensible sino como literalmente revulsivo: remedio venenoso. Otra muestra más de la concepción múltiple y antitéticamente hermanada que presenta en toda la semántica del poemario; otra muestra de lo cuántico, lo metamoderno, que se filtra irremediablemente en su poesía.

Todo esto (todo el libro, los poemas, las ideas, la vida) tiene un nombre: *habitar el otoño* (¿*ser-ahí* en el otoño?). Quizá el poema más claro del libro nos presenta la conclusión y abre el final del poemario. Lo hace con una estrofa de apertura de maravillosa factura que nos devuelve al Fernando-Historiador del Arte, su filtro para comprender el mundo y para comprenderse: *con esta sensación tan manierista / de tener que olvidar que me he dormido.*

¿Por qué el *manierismo*? Es otro juego con las palabras: Fernando usa este concepto por ser una suerte de alteración de los patrones artísticos del renacimiento, lo cual es casi como decir los patrones artísticos de la antigua Grecia (véase, de nuevo, el uso que hace a lo largo del libro de palabras como caos, cosmos o fármaco). El personaje, que ha pasado por tanto, sin embargo sigue sin estar preparado para cuando llega la lluvia. La metáfora es de una simpática amargura: la sonrisa como disimulo (o en este caso el chubasquero de lunares); la culpa católica del Dios que solo ve en lo escondido, que nos hace esconder nuestra pena, *y aunque me rompa el cráneo / no se note / o no se note mucho, no parezca / que quiero molestar con mis historias.*

Y con la misma agua de la lluvia de otoño nos presenta a continuación su naufragio en "Autobiografía". Otro pequeño poema que podría usarse para enmarcar el libro entero y que también es la introducción para la síntesis de lo acontecido, pero también de la cosmovisión de este Fernando-*post*-caída. El amor que salva, lo efímero como medio y sentido, y la imposibilidad (o posibilidad de futuro yermo) de los sueños. Este Fernando que se nos presentó como un buscador de belleza y — al caer en el sinsentido— perdió toda esperanza, al menos ahora ha recuperado el convencimiento y escribe aquí de los mejores poemas del libro, para asentar sus conclusiones, su guía de vida.

De estos últimos poemas cabe destacar la mutación de la ironía triste en una postironía con más sorna, un abrazo puro de la metamodernidad; también, como a lo largo del libro, cómo se muestra el tremendo manejo de la métrica (especialmente jugando con los efectos del encabalgamiento, como en el ya mencionado poema de "Janire contra el caos": *no te vayas, pues vivo entre esos pobres / desgraciados que nunca tienen mucho / de nada y casi nada / de esperanza*); los juegos lingüísticos (el uso de "beltraneja" explicado en una nota al pie de página), la maravillosa integración del reto metafórico dickinsoniano ("Los fantasmas", "El faro", "Palabras para el Señor Santana"), y la propia reflexión sobre la lengua ("Deutsch"). Este último poema también sirve como exploración de la identidad propia, al igual que otros en estos últimos coletazos del libro: a partir de los viajes y el desplazamiento del personaje fuera de sus paisajes habituales, estas visitas a otros lugares presentan meditaciones, inevitablemente, sobre asuntos más cercanos.

Al final del libro nos recuerda su tesis con la estructura que lleva usando todo el libro, "lo bello de…". Sin embargo, lo que antes surgía de cosas materiales (un charco, por ejemplo) para construir conceptos complejos, ahora se encara con conceptos más inmateriales (la nación, el sueño) para sacar conclusiones mucho más humanas y terrenales (ese *todo lo demás* y el *servirte solo a ti, que ya es bastante*). Y esa es la sencilla respuesta de *Xabel*, lo que nos trae Fernando en este libro: las pequeñas cosas pueden llegar a ser muy grandes y de las cosas grandes solo quedan las pequeñas. O como dice en el último poema: *Al fondo se ve un barco pequeñito, / detrás, justo detrás / de los grandes cruceros.*

Concluyo esta pequeña guía recordando cómo llegó Ferrán a mi vida, porque este segundo libro me ha recordado mucho al propio Fernando. Hace unos años, cuando yo aún tenía una editorial y la ilusa ilusión de todo veinteañero, llegó a nuestro correo un mecanoscrito modesto, sin hacer mucho ruido. Ese poeta desconocido que tan humilde ocupó breve nuestro buzón de entrada nos llamó poderosamente la atención. Así que le propusimos hacer alguna videollamada y hablar de su libro. Y qué sorpresa fue conversar con él: de una escritura clara, un Fernando vibrante y con mucha sorna; de unos poemas sencillos, una tremenda persona. Espero poder seguir leyéndole muchos años, pero espero seguir tomándome cañas con él ojalá incluso más tiempo.

Bendones, 5 de enero de 2025

ÍNDICE

SONVMBULOS
— EDICIONES —